Celebrating the
GRADUATION
of

Graduate

D1608747

School

The Graduate:

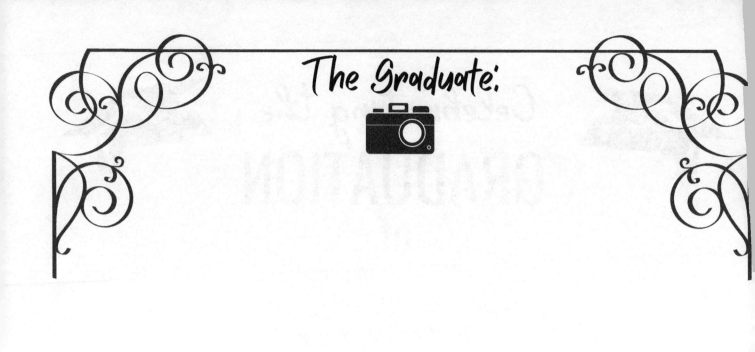

Graduation Photo
Class of 2022 📷

Name: _____

Message:

Advice:

Keep in touch:

_____
_____
_____
_____
_____
_____

Class of 2022

Message:

Name: _____

Advice:

Keep in touch:

- 📱 _____
- f _____
- 🐦 _____
- YouTube _____
- 📷 _____
- Ⓢ _____

Name: _____

Message:

Advice:

Keep in touch:

_____
_____
_____
_____
_____
_____

Class of 2022

Message:

Name: _____

Advice:

Keep in touch:

📱 _____

f _____

🐦 _____

▶️ _____

📷 _____

Ⓢ _____

Name: _____

Message:

Advice:

Keep in touch:

_____
_____
_____
_____
_____
_____

Class of 2022

Message:

Name: _____

Advice:

Keep in touch:

Name: _____

Message:

Advice:

Keep in touch:

_____

_____

_____

_____

_____

_____

Class of 2022

Message:

Name: _____

Advice:

Keep in touch:
- 📱 _____
- f _____
- 🐦 _____
- ▶️ _____
- 📷 _____
- Ⓢ _____

Name: _____

Class of 2022

Message:

Advice:

Keep in touch:

_____

_____

_____

_____

_____

_____

Class of 2022

Message:

Name: _____

Advice:

Keep in touch:

- 📱 _____
- f _____
- 🐦 _____
- YouTube _____
- 📷 _____
- Ⓢ _____

Name: _____

Message:

Advice:

Keep in touch:

_____
_____
_____
_____
_____
_____

Class of 2022

Message:

Name: _____

Advice:

Keep in touch:
- 📱 _____
- f _____
- 🐦 _____
- YouTube _____
- 📷 _____
- Ⓢ _____

Name: _____

Message:

Class of 2022

Advice:

Keep in touch:
📱 _____
f _____
🐦 _____
YouTube _____
📷 _____
S _____

Class of 2022

Message:

Name: _____

Advice:

Keep in touch:
📱 _____
f _____
🐦 _____
YouTube _____
📷 _____
S _____

Name: _____

Message:

Advice:

Keep in touch:

_____
_____
_____
_____
_____
_____

Class of 2022

Message:

Name: _____

Advice:

Keep in touch:

Name: _____

Message:

Advice:

Keep in touch:

[phone] _____

[f] _____

[twitter] _____

[YouTube] _____

[Instagram] _____

[s] _____

Class of 2022

Message:

Name: _____

Advice:

Keep in touch:

Name: _____

Message:

Advice:

Keep in touch:

Class of 2022

Message:

Name: _____

Advice:

Keep in touch:

_____

_____

_____

_____

_____

_____

_____

Name: _____

Message:

Advice:

Keep in touch:

_____
_____
_____
_____
_____
_____

Class of 2022

Message:

Name: _____

Advice:

Keep in touch:

Name: _____

Message:

Advice:

Keep in touch:

_____

_____

_____

_____

_____

_____

Class of 2022

Message:

Name: _____

Advice:

Keep in touch:

Name: _____

Message:

Advice:

Keep in touch:

Class of 2022

Message:

Name: _____

Advice:

Keep in touch:

- 📱 _____
- f _____
- 🐦 _____
- YouTube _____
- 📷 _____
- Ⓢ _____

Name: _____

Message:

Advice:

Keep in touch:

📱 _____

f _____

🐦 _____

You Tube _____

📷 _____

ⓢ _____

Class of 2022

Message:

Name: _____

Advice:

Keep in touch:
📱 _____
f _____
🐦 _____
YouTube _____
📷 _____
S _____

Name: _____

Message:

Advice:

Keep in touch:

_____
_____
_____
_____
_____
_____

Class of 2022

Message:

Name: _____

Advice:

Keep in touch:
_____
_____
_____
_____
_____
_____

Name: _____

Message:

Class of 2022

Advice:

Keep in touch:

Class of 2022

Message:

Name: _____

Advice:

Keep in touch:

_____

_____

_____

_____

_____

_____

Name: _____

Message:

Class of 2022

Advice:

Keep in touch:
_____
_____
_____
_____
_____
_____

Class of 2022

Message:

Name: _____

Advice:

Keep in touch:

_____

_____

_____

_____

_____

_____

Name: _____

Message:

Advice:

Class of 2022

Keep in touch:

📱 _____
f _____
🐦 _____
YouTube _____
📷 _____
Ⓢ _____

Class of 2022

Message:

Name: _____

Advice:

Keep in touch:

- 📱 _____
- f _____
- 🐦 _____
- ▶ You Tube _____
- 📷 _____
- Ⓢ _____

Name: _____

Class of 2022

Message:

Advice:

Keep in touch:

📱 _____

f _____

🐦 _____

▶ _____

📷 _____

Ⓢ _____

Message:

Name: _____

Advice:

Keep in touch:

Name: _____

Message:

Advice:

Keep in touch:

_____
_____
_____
_____
_____
_____

Class of 2022

Message:

Name: _____

Advice:

Keep in touch:

📱 _____

f _____

🐦 _____

You Tube _____

📷 _____

S _____

Name: _____

Message:

Advice:

Keep in touch: _____
_____
_____
_____
_____
_____

Class of 2022

Message:

Name: _____

Advice:

Keep in touch:

Name: _____

Message:

Advice:

Keep in touch:

_____
_____
_____
_____
_____
_____

Class of 2022

Message:

Name: _____

Advice:

Keep in touch:

📱 _____

f _____

🐦 _____

▶ _____

📷 _____

 _____

Name: _____

Message:

Advice:

Keep in touch:

Class of 2022

Message:

Name: _____

Advice:

Keep in touch:

Name: _____

Message:

Advice:

Keep in touch:

_____
_____
_____
_____
_____
_____

Message:

Name: _____

Advice:

Keep in touch:

Name: _____

Message:

Class of 2022

Advice:

Keep in touch:

📱 _____
f _____
🐦 _____
▶️ _____
📷 _____
Ⓢ _____

Class of 2022

Message:

Name: _____

Advice:

Keep in touch:

Name: _____

Message:

Advice:

Keep in touch:

📱 _____

f _____

🐦 _____

▶ _____

📷 _____

Ⓢ _____

Class of 2022

Name: _____

Message:

Advice:

Keep in touch:

Name: _____

Message:

Advice:

Keep in touch:

Message:

Name: _____

Advice:

Keep in touch:

📱 _____

f _____

🐦 _____

YouTube _____

📷 _____

S _____

Name: _____

Message:

Advice:

Keep in touch:

_____
_____
_____
_____
_____
_____

Message:

Name: _____

Advice:

Keep in touch:

Name: _____

Message:

Advice:

Keep in touch:

_____

_____

_____

_____

_____

_____

Class of 2022

Message:

Name: _____

Advice:

Keep in touch:

_____

_____

_____

_____

_____

_____

Name: _____

Message:

Class of 2022

Advice:

Keep in touch:

Class of 2022

Message:

Name: _____

Advice:

Keep in touch:

Keep in touch:

_____
_____
_____
_____
_____
_____

Name: _____

Message:

Class of 2022

Advice:

Keep in touch:

_____
_____
_____
_____
_____
_____

Class of 2022

Message:

Name: _____

Advice:

Keep in touch:

- 📱 _____
- f _____
- 🐦 _____
- ▶ _____
- 📷 _____
- s _____

Name: _____

Message:

Class of 2022

Advice:

Keep in touch:

_____
_____
_____
_____
_____
_____

Class of 2022

Message:

Name: _____

Advice:

Keep in touch:

Name: _____

Message:

Advice:

Keep in touch:

_____
_____
_____
_____
_____
_____

Class of 2022

Message:

Name: _____

Advice:

Keep in touch:

📱 _____

f _____

🐦 _____

▶ _____

📷 _____

Ⓢ _____

Name: _____

Message:

Advice:

Keep in touch:

_____
_____
_____
_____
_____
_____

Message:

Name: _____

Advice:

Keep in touch:

_____

_____

_____

_____

_____

_____

_____

Name: _____

Message:

Class of 2022

Advice:

Keep in touch:

Class of 2022

Message:

Name: _____

Advice:

Keep in touch:

Name: _____

Message:

Class of 2022

Advice:

Keep in touch:
_____
_____
_____
_____
_____
_____

Message:

Name: _____

Advice:

Keep in touch:

📱 _____

f _____

🐦 _____

▶️ _____

📷 _____

Ⓢ _____

Name: _____

Message:

Advice:

Keep in touch:

_____

_____

_____

_____

_____

_____

Class of 2022

Message:

Name: _____

Advice:

Keep in touch:

 _____

 _____

_____

_____

 _____

_____

Name: _____

Class of 2022

Message:

Advice:

Keep in touch:
_____
_____
_____
_____
_____
_____

Class of 2022

Message:

Name: _____

Advice:

Keep in touch:

Name: _____

Message:

Class of 2022

Advice:

Keep in touch:

_____
_____
_____
_____
_____
_____

Class of 2022

Message:

Name: _____

Advice:

Keep in touch:

- 📱 _____
- f _____
- 🐦 _____
- ▶ YouTube _____
- 📷 _____
- Ⓢ _____

Name: _____

Message:

Class of 2022

Advice:

Keep in touch:

_____
_____
_____
_____
_____
_____

Class of 2022

Message:

Name: _____

Advice:

Keep in touch:

Name: _____

Message:

Class of 2022

Advice:

Keep in touch:
_____
_____
_____
_____
_____
_____

Class of 2022

Message:

Name: _____

Advice:

_____
_____
_____
_____
_____
_____

Name: _____

Message:

Advice:

Keep in touch:

_____
_____
_____
_____
_____
_____

Message:

Name: _____

Advice:

Keep in touch:

📱 _____

f _____

🐦 ⊙ _____

You
Tube _____

📷 _____

Ⓢ _____

Name: _____

Message:

Advice:

Keep in touch:

_____
_____
_____
_____
_____
_____

Class of 2022

Message:

Name: _____

Advice:

Keep in touch:

Name: _____

Class of 2022

Message:

Advice:

Keep in touch:

_____
_____
_____
_____
_____
_____

Class of 2022

Message:

Name: _____

Advice:

Keep in touch:

Name: _____

Message:

Advice:

Keep in touch:

_____
_____
_____
_____
_____
_____

Message:

Name: _____

Advice:

Keep in touch:

📱 _____

f _____

🐦 _____

You Tube _____

📷 _____

Ⓢ _____

Name: _____

Message:

Class of 2022

Advice:

Keep in touch:

_____
_____
_____
_____
_____
_____

Class of 2022

Message:

Name: _____

Advice:

Keep in touch:

Name: _____

Message:

Advice:

Keep in touch:
_____
_____
_____
_____
_____
_____

Name: _____

Message:

Advice:

Keep in touch:

_____
_____
_____
_____
_____
_____

Name: _____

Message:

Class of 2022

Advice:

Keep in touch:

Class of 2022

Message:

Name: _____

Advice:

Keep in touch:

_____

_____

_____

_____

_____

_____

Class of 2022

Name: _____

Message:

Advice:

Keep in touch:

📱 _____

f _____

🐦 _____

▶ _____

📷 _____

Ⓢ _____

Message:

Name: _____

Advice:

Keep in touch:

Name: _____

Message:

Advice:

Keep in touch:

_____
_____
_____
_____
_____
_____

Class of 2022

Message:

Name: _____

Advice:

Keep in touch:

Class of 2022

Name: _____

Message:

Advice:

Keep in touch:

📱 _____

f _____

🐦 _____

▶ _____

📷 _____

Ⓢ _____

Name: _____

Message:

Advice:

Keep in touch:

_____
_____
_____
_____
_____
_____

Class of 2022

Message:

Name: _____

Advice:

Keep in touch:

- 📱 _____
- f _____
- 🐦 _____
- YouTube _____
- 📷 _____
- Ⓢ _____

Message:

Name: _____

Advice:

Keep in touch:

_____

_____

_____

_____

_____

_____

Name: _____

Message:

Advice:

Keep in touch:

_____
_____
_____
_____
_____
_____

Class of 2022

Message:

Name: _____

Advice:

Keep in touch:

Class of 2022

Message:

Name: _____

Advice:

Keep in touch:
📱 _____
f _____
🐦 _____
YouTube _____
📷 _____
Ⓢ _____

Name: _____

Message:

Class of 2022

Advice:

Keep in touch:

Class of 2022

Name: _____

Message:

Advice:

Keep in touch:
- _____
- _____
- _____
- _____
- _____
- _____

Class of 2022

Message:

Name: _____

Advice:

Keep in touch:

Class of 2022

Message:

Name: _____

Advice:

Keep in touch:

_____

_____

_____

_____

_____

_____

Name: _____

Message:

Advice:

Keep in touch:

_____
_____
_____
_____
_____
_____

Class of 2022

Message:

Name: _____

Advice:

Keep in touch:

Gift Tracker

	Name	Gift Received

Gift Tracker

	Name	Gift Received

Gift Tracker

	Name	Gift Received

Gift Tracker

Name	Gift Received